LA

LOI DU 13 JUILLET 1907

SUR LE

LIBRE SALAIRE DE LA FEMME MARIÉE

ET LA

CONTRIBUTION AUX CHARGES DU MÉNAGE

PAR

MM. J. LE COURTOIS & F. SURVILLE

DOYEN ET PROFESSEURS DE DROIT CIVIL A LA FACULTÉ DE DROIT
DE L'UNIVERSITÉ DE POITIERS

LIBRAIRIE
DE LA SOCIÉTÉ DU RECUEIL J.-B. SIREY ET DU JOURNAL DU PALAIS
Ancienne Maison **L. LAROSE & FORCEL**
22, Rue Soufflot, PARIS, 5e Arrt
L. LAROSE & L. TENIN, Directeurs

—

1908

LA

LOI DU 13 JUILLET 1907

SUR LE

LIBRE SALAIRE DE LA FEMME MARIÉE

ET LA

CONTRIBUTION AUX CHARGES DU MÉNAGE

LA

LOI DU 13 JUILLET 1907

SUR LE

LIBRE SALAIRE DE LA FEMME MARIÉE

ET LA

CONTRIBUTION AUX CHARGES DU MÉNAGE

PAR

MM. J. LE COURTOIS & F. SURVILLE

DOYEN ET PROFESSEURS DE DROIT CIVIL A LA FACULTÉ DE DROIT
DE L'UNIVERSITÉ DE POITIERS

LIBRAIRIE

DE LA SOCIÉTÉ DU RECUEIL J.-B. SIREY ET DU JOURNAL DU PALAIS

Ancienne Maison **L. LAROSE & FORCEL**

22, Rue Soufflot, PARIS, 5ᵉ Arrt

L. LAROSE & L. TENIN, Directeurs

—

1908

LA LOI DU 13 JUILLET 1907

RELATIVE AU

LIBRE SALAIRE DE LA FEMME MARIÉE

ET A LA

CONTRIBUTION AUX CHARGES DU MÉNAGE

---

1. La loi du 13 juillet 1907 comble une lacune grave de notre législation matrimoniale qui était vraiment trop brève sur les produits du travail de la femme mariée.

En ce qui concerne la contribution des époux aux charges du ménage, la loi de 1907 ne change rien au fond du droit. Elle se contente d'organiser une procédure rapide et peu coûteuse, grâce à laquelle l'un des époux est aussi armé qu'il peut l'être par des moyens judiciaires, pour contraindre son conjoint à affecter ses salaires aux besoins de la famille (art. 7 à 10 de ladite loi).

L'innovation capitale consiste à faire passer, *en droit*, du mari à la femme, la libre disposition de ses salaires, qu'elle avait déjà souvent *en fait*. Le rôle de la femme dans le ménage, spécialement au cas de régime en communauté, est mieux défini. Il est fondé sur une base légale plus solide; et cela, sans bouleverser nos régimes matrimoniaux traditionnels.

2. Pour se rendre bien compte de la portée de la réforme, il est bon de rappeler brièvement le sort des gains de la femme mariée d'après le Code civil.

Dès qu'il y a communauté entre les époux, eût-elle été

réduite aux acquêts (art. 1498 C. civ.), ces gains tombent dans le fonds commun ([1]).

S'agit-il des économies réalisées sur le produit du travail de l'un ou de l'autre des époux, ces économies forment des acquêts, dont le mari seul a l'administration (art. 1421-1422, C. civ.). Rigoureusement même, d'après le Code civil, le mari a le droit de toucher les salaires de la femme, en sa qualité de chef de la communauté à laquelle ils appartiennent.

Si, laissant de côté la communauté, nous envisageons les autres régimes, il convient de distinguer entre les gains du mari et ceux de l'épouse.

En l'absence de toute société d'acquêts, les gains du mari sont, d'abord, affectés sans doute aux charges du ménage ; mais il garde, pour lui-même, toutes les économies qu'il réalise.

Pour les produits du travail de la femme, la situation n'était plus aussi simple.

Une remarque à faire avant tout : c'est que, en tant que l'épouse vaque aux soins du ménage ou aide son mari dans l'exercice de sa profession agricole, industrielle, commerciale, il ne peut être question de gains de la femme. Celle-ci n'est pas une salariée, ouvrière ou employée de son conjoint. Elle ne peut participer dans les profits que si elle lui est associée pécuniairement par le régime de communauté. En l'absence d'une communauté, elle donne gratuitement, comme une sorte de supplément de dot, son concours au mari.

La question des produits du travail de la femme ne se pose donc que si elle a une industrie ou un travail séparés.

Et encore cette question perd-elle tout intérêt pratique si, — comme il arrive très fréquemment, — les gains réunis des époux couvrent à peine les dépenses du ménage.

Imaginons, en effet, les époux séparés de biens : la femme était libre d'abandonner à son mari ses gains, comme les

([1]) Baudry-Lacantinerie, Le Courtois et Surville : *Du contrat de mariage* (3ᵉ édit.), II, nᵒ 1278, s. ; III, nᵒ 1937.

revenus de ses biens paraphernaux (art. 1578). Le mari n'a jamais été tenu de l'en indemniser. Mais les gains que l'épouse séparée avait conservés et économisés lui appartenaient, en propre, à titre de biens extradotaux ou paraphernaux (¹).

Sous le régime exclusif de communauté où tous les biens de la femme sont dotaux, ou sous le régime dotal, à supposer une constitution de dot comprenant tous les biens présents et à venir, meubles et immeubles de la femme : c'était une question discutée que celle de savoir si tous les gains de l'épouse devaient aller au mari comme revenus dotaux, — ce qui nous avait paru inique, — ou s'ils ne devaient pas, au moins pour le capital économisé, faire retour à celle-ci (²).

Telle était la législation du Code civil sur les produits du travail de la femme mariée. Elle a été singulièrement améliorée pour elle, par la loi du 13 juillet 1907 (³).

(¹) Baudry-Lacantinerie, Le Courtois et Surville, *op. cit.*, III, n° 1484 *bis*.

(²) Baudry-Lacantinerie, Le Courtois et Surville, *op. cit.*, III, n° 1464 (pour le régime sans communauté), n° 1570 (pour le régime dotal).

(³) Indiquons, à grands traits, les origines de cette loi. Le 22 juillet 1890, MM. Louis Jourdan, Dupuy-Dutemps et Montaut déposèrent, sur le bureau de la Chambre des députés, une proposition de loi, se contentant d'édicter quelques règles nouvelles de procédure « *ayant pour objet de protéger la femme contre certains abus de la puissance maritale* ». On n'envisageait que le cas où le mari dissipe le salaire de sa femme au lieu de l'employer dans l'intérêt du ménage et celui de l'abandon de la femme par son conjoint (V. *J. officiel*, 1890. Chambre, annexe, n° 862). Cette proposition n'aboutit pas dans la législature. Au début de la suivante, le 9 juillet 1894, ses auteurs la déposaient une deuxième fois (V. *J. officiel*, 1894, Chambre, annexe, n° 803). Le même jour, M. Goirand déposait, de son côté, une proposition moins restreinte ayant pour objet *d'assurer à la femme mariée la liberté de son salaire*. Ce salaire reste un bien de la communauté, comme le salaire du mari, mais on « confère à l'épouse sur les produits de son travail les mêmes droits d'*administration* qu'exerce le mari sur les autres biens de la communauté » (V. *J. officiel*, 1894, Chambre, annexe, n° 801). Après un rapport sommaire favorable, les deux propositions Louis Jourdan et Goirand sont renvoyées à l'examen d'une commission (*J. officiel*, 1895, Chambre, annexe, n° 1094). M. Goirand dépose son rapport, au nom de cette commission, le 14 novembre 1895 (*J. officiel*, 1895, Chambre, annexe, n° 1609). Le vote a lieu sans discussion à la Chambre, le 27 février 1896, et la transmission au Sénat s'opère le 2 mars. Plus de onze ans s'écoulent avant le vote définitif. Entre temps, la Société d'Études législatives, à peine fondée, étudie la question et rédige un projet (V. *Bulletin de la Société d'Études législatives*, 1901-1902, p. 25, 452, 464). Dans son projet, la Société d'Études législatives donne à la femme, même

3. Dans quelle mesure la loi de 1907 a-t-elle donc modifié la législation préexistante au sujet des salaires de la femme et de la contribution des époux aux charges du ménage ?

En ce qui concerne les salaires de la femme et la gestion des acquêts qui en peuvent provenir, le législateur a entendu, dans tous les cas et quel que soit le régime matrimonial, assurer à l'épouse un droit de libre administration et même de disposition à titre onéreux. Peu importe que ces biens, d'après la législation antérieure à 1907, constituent des biens communs, des biens dotaux ou des biens extradotaux. Sur ce point, l'innovation consiste en ce que, si le mari avait l'administration desdits biens comme chef de la communauté, ou, pour les biens dotaux, comme chef du ménage, ses pouvoirs se trouvent transférés à la femme. Nous verrons (¹) que, sous les régimes autres que les régimes en communauté, tout ce qui provient du salaire de la femme est en dehors

commune en biens, le droit d'administrer les produits de son travail et de son industrie ainsi que les *économies* réalisées par elle. La femme ne doit pouvoir disposer de son salaire et de ses économies qu'à titre onéreux. Cette capacité n'appartient d'ailleurs à l'épouse que dans l'intérêt du ménage ; aussi, en cas d'abus, le mari doit-il pouvoir s'adresser à la justice pour la lui faire retirer en totalité ou en partie. Enfin, *cette capacité nouvelle pouvait être écartée par une clause du contrat de mariage.* Le 27 février 1905, M. Grosjean déposait à la Chambre une nouvelle proposition ayant pour objet la protection des gains et salaires de la femme mariée (*J. officiel*, 1905, Chambre, annexe, n° 2280). Dans cette proposition, son auteur s'inspirait largement du projet élaboré par la Société d'Études législatives. De son côté, le Sénat était saisi le 26 juin 1906 d'une proposition analogue de M. Gourju (*J. officiel*, 1906, Sénat, annexe, n° 304). Le 20 mars 1907, M. Guillier déposait son rapport tant sur la proposition de loi votée à la Chambre en 1896 que sur la proposition Gourju (*J. officiel*, 1907, Doc. Sénat, session ordinaire, n° 77, p. 54 s.). On laissait à la femme le droit de déclarer **dans son** contrat de mariage qu'elle entendait rester soumise à son ancienne **incapacité.** C'est seulement lors de la deuxième délibération au Sénat que, pour **donner** à la réforme toute son efficacité et pour éviter qu'elle fût énervée par la **persistance** des idées anciennes, que, sur la demande de MM. Maurice Faure et **Poulle,** il fut inscrit dans la loi qu'*une semblable clause serait inopérante.* Sans discussion, le 11 juillet 1907, au rapport de M. Viollette (*J. officiel*, 1907, Chambre, annexe, n° 1128), le texte adopté par le Sénat était voté à la Chambre. — Rapp. Pichon, *Rev. critique de législat. et de jurisprudence*, 1908, p. 24, s. ; Crevoisier : *Le libre salaire de la femme mariée* (2ᵉ édit.). — Sourdois, *Rev. trimestrielle de dr. civil*, 1907, p. 565, s. ; Perreau, *Rev. crit. de législation et de jurisprudence*, 1908, p. 149, s. ; De la Grasserie, *Lois nouvelles*, 1907, p. 435, s.

(¹) V. *infra*, n° 30.

de la dot. En tout cas, quand les époux sont communs en biens, les acquêts réalisés par l'épouse sur les produits de son travail, continuent de faire partie de la communauté (¹), au moins au cas d'acceptation de cette communauté par l'épouse ou par ses héritiers. Dans ce cas, les pouvoirs du mari comme chef de la communauté lui sont enlevés et sont transférés à sa femme dans la mesure où il s'agit des acquisitions réalisées sur les gains personnels de cette dernière. Ce n'est pas comme mandataire du mari, c'est en vertu d'un mandat légal, ou plus exactement d'un pouvoir propre, pareil à celui conféré au mari par l'article 1421, que la femme administre cette catégorie de biens communs.

4. Mais ceci n'empêche nullement l'ancien et traditionnel mandat tacite, sous-entendu dans l'article 1420, d'être maintenu pour le surplus. Il subsiste, avec son caractère révocable, à côté du mandat légal irrévocable créé par la loi de 1907 et dont il est distinct. Ainsi, lorsque la femme ne se livre à aucun travail personnel, séparé de la direction intérieure du ménage ou de la profession de son mari, il est manifeste que le mandat tacite révocable de l'article 1420 peut seul exister, conformément aux règles du droit commun (²).

5. D'autre part, en cas de prodigalités du mari, une procédure simple, ménageant autant qu'il se peut les susceptibilités, est mise à la disposition de la femme pour obtenir le versement entre ses mains des salaires de son conjoint, en tant que cela est nécessaire pour les besoins du ménage.

Désormais, la femme a donc, en droit comme en fait, qualité pour pourvoir aux dépenses du ménage : 1° si le mari ne s'acquitte pas spontanément du devoir d'y subvenir (art. 7 à 10 de la loi); 2° d'une manière générale et, dans tous les cas, dans la mesure de ses propres gains.

6. Il est impossible de nier que l'autorité maritale subit ainsi de notables restrictions. Sans doute, les principes traditionnels ne reçoivent aucune atteinte de ce fait que la femme mariée aura désormais l'administration de ses gains

---

(¹) V. Saleilles, *Bulletin de la Société d'Études législatives*, 1907, p. 563, s.

(²) Voir sur ce mandat : Baudry-Lacantinerie, Le Courtois et Surville, *op. cit.*, I, nᵒˢ 500, s. ; 577, s.

personnels. Une clause de séparation de biens aurait suffi pour la lui assurer. Mais elle est relevée de son incapacité dans la gestion des biens qui en proviennent ; car elle les peut aliéner et ester en justice à leur occasion (¹) sans autorisation maritale (art. 1ᵉʳ et 6) (²).

Désormais, le mari n'est plus le chef unique des biens de la communauté, puisque la gestion des acquêts provenus des gains personnels de la femme lui est enlevée et se trouve assurée, au profit de celle-ci, par une disposition d'ordre public analogue à celle qui, dans l'article 1388, proclame le mari chef de l'association conjugale. En même temps, — et il ne faut pas le regretter, — on voit s'amoindrir le droit si exorbitant qui lui appartient de dissiper les biens communs, droit qui, dans la législation du Code civil, n'avait guère d'autre remède que le remède insuffisant, d'ailleurs, de la séparation de biens.

7. Pénétrant, désormais, dans le détail, nous allons nous demander, d'abord, à quels gains et à quels biens s'appliquent les nouveaux pouvoirs attribués à la femme ; puis, quelle est l'étendue de ces pouvoirs. Nous verrons, à ce sujet, si et dans quelle mesure la loi nouvelle apporte des modifications à la contribution aux charges du ménage. Après cela, nous traiterons des conséquences de la loi de 1907 sous les divers régimes matrimoniaux. Enfin, il nous faudra prévoir dans quelle mesure cette loi s'applique aux ménages existant au temps de sa promulgation.

I

Des gains et des biens auxquels s'appliquent les pouvoirs attribués à la femme mariée par la loi du 13 juillet 1907.

8. L'article 1ᵉʳ de la loi s'exprime ainsi : « Sous tous les « régimes, et à peine de nullité de toute clause contraire por-

---

(¹) Il semble, bien que le texte de la loi ne parle que du droit d'ester en justice, qu'il faille comprendre sous cette expression tous les actes judiciaires: surenchère, participation à une procédure d'ordre, compromis, acquiescement, désistement, transaction, etc. (V. Pichon, *Rev. critique*, 1908, p. 232).

(²) V. Saleilles, *op. cit.*, p. 564.

« tée au contrat de mariage, la femme a, sur *les produits de*
« *son travail personnel* et *les économies en provenant*, les
« mêmes droits d'administration que l'article 1449 du Code
« civil donne à la femme séparée de biens... »

Le même article, dans son cinquième alinéa, ajoute : « Les
« dispositions qui précèdent ne sont pas applicables aux
« *gains* résultant d'un travail commun des deux époux. »

La distinction ainsi établie est des plus nettes. Elle est
analogue à celle qui nous est déjà présentée au Code civil
dans l'article 387 à propos du droit de jouissance légale des
père et mère sur les biens de leurs enfants mineurs de dix-
huit ans. Cette jouissance, déclare l'article 387, ne s'étendra
pas aux biens que les enfants pourront acquérir par un travail et une industrie séparés. De même, la loi de 1907 spé-
cifie qu'il faut qu'il s'agisse d'un travail personnel séparé de
ceux qui se font dans la famille, d'un travail qui constitue
une profession distincte de celle du mari, peu importe, d'ailleurs, qu'elle soit ou non semblable.

Par conséquent, si la femme a été simplement l'auxiliaire
du mari dans l'exercice de sa profession, comme agricul-
teur, artisan, industriel, artiste, commerçant, fût-elle rému-
nérée par lui, la loi de 1907 ne régirait point les gains ainsi
obtenus.

De même, il est dans le rôle traditionnel de la femme qu'elle
doive ses soins au ménage. Dans son rôle familial, elle ne
saurait être légalement traitée comme une domestique, comme
une salariée, tout comme il a été jugé (¹) que le mari, de son
côté, ne peut être le domestique de sa femme, même après
une séparation de biens judiciaire.

Mais, en dehors de cet ordre d'idées, si la direction du
ménage n'absorbe pas toute l'activité de la femme et si cette
dernière ne se borne point à aider son mari dans l'exercice
de sa profession : c'est alors que les gains qu'elle obtient
restent à sa libre disposition et que leur gestion lui est réservée, sous quelque régime matrimonial que ce soit.

(¹) V. J. Auxerre, 4 décembre 1901, *Gaz. Pal.*, 1901.2.710 ; *France judiciaire*, 1902.2.247 ; Trib. de paix de Reims (2ᵉ. canton), 18 novembre 1903,
France judiciaire, 1904.2.139.

9. Il en serait ainsi, avons-nous déjà remarqué incidemment, alors même que la profession de la femme, —domestique, ouvrière, employée chez autrui, — serait la même que celle de son mari. Écrivain, elle se consacre à un travail personnel quand même son mari s'occuperait, lui aussi, de travaux littéraires. Cela n'est pas contestable si la femme n'est pas simplement, pour son mari, un aide, un secrétaire ou même un collaborateur. Dans ce dernier cas, toutefois, sans la disposition du cinquième alinéa de l'article 1er de la loi de 1907, il semble bien que l'on aurait dû considérer comme un travail personnel de la femme une collaboration qui aurait, aux yeux mêmes du public, apparu comme égale de la part des deux époux, le nom de la femme, par exemple, prenant place à côté de celui du mari.

10. Peu importe pour l'application de la loi de 1907, le genre de rémunération du travail. Il n'y a point à distinguer entre les *salaires* proprement dits, selon l'unique expression employée dans l'intitulé de la loi, et les appointements, traitements, droits d'auteur, bénéfices recueillis comme artisan, commerçant ou industriel. Tous les gains, de quelque nom qu'on les appelle, réalisés par la femme comme ouvrière, fonctionnaire, institutrice libre, écrivain, peintre, artiste lyrique ou dramatique, etc., entrent dans les prévisions de la loi de 1907.

11. Toutefois, à l'égard des bénéfices commerciaux, un doute semblerait devoir s'élever. La loi de juillet 1907, entendue comme nous venons de le faire, aurait-elle bouleversé le système législatif consacré par l'article 220 du Code civil et par les articles 4 et 5 du Code de commerce? Nous ne le pensons pas [1].

Remarquons, d'abord, que la disposition finale de l'article 5 du Code de commerce, reproduction littérale de celle qui termine l'article 220 du Code civil d'après lequel la femme « n'est pas réputée marchande publique si elle ne fait que détailler les marchandises du commerce de son mari »,

[1] Sur les femmes commerçantes et la loi du 13 juillet 1907 on consultera avec fruit une étude de notre collègue, M. Valéry, *Annales de droit commercial*, 1907, p. 396 s.

est reprise et maintenue par le dernier alinéa de l'article 1er de la loi nouvelle. Les produits d'un travail commun ne sont pas réservés à la femme.

D'autre part, l'alinéa 1er des articles 220 du Code civil et 5 du Code de commerce, complété par l'article 4 du même Code, ne s'occupe point des gains de la femme. Ce texte édicte seulement cette double règle, à savoir que la femme ne peut pas être commerçante sans l'autorisation de son mari, laquelle autorisation peut être tacite et est générale (1) ; et que les obligations commerciales de l'épouse contractées ainsi avec l'autorisation du mari obligent ce dernier et la communauté, si c'est le régime de la communauté qui a été adopté entre les conjoints. C'est là une application directe de la règle des articles 1409-2° et 1419 du Code civil. Nous aurons à examiner plus loin si cette règle et l'application qu'en font les articles 220 du Code civil et 5 du Code de commerce sont tenues en échec par l'article 3 de la loi du 13 juillet 1907. Mais quelle que soit la solution à laquelle on se rallie sur ce point, il nous semble que, même depuis la loi de 1907, la femme mariée non séparée de corps a toujours besoin de l'autorisation de son mari pour être commerçante, de même qu'elle doit être de lui autorisée pour être artiste lyrique ou dramatique (2).

Constatons, en effet, qu'il n'existe aucune contradiction à admettre que la femme qui peut librement faire emploi des économies réalisées sur les produits de son travail et aliéner à titre onéreux sans l'autorisation de son mari ou de la justice les biens ainsi acquis, n'est pas dispensée de toute autorisation pour le choix de telle ou telle profession. Il y a là deux questions qui ne comportent pas nécessairement une solution identique. S'il ne semble pas que la loi de 1907 ait proclamé le droit pour la femme mariée d'être, à sa guise, commerçante, industrielle, d'opter en un mot pour n'importe quelle profession qu'il lui plairait d'exercer, fût-ce au dehors du domicile conjugal, il n'en résulte nullement

---

(1) Rapp. Req., 11 novembre 1907, *Gaz. Pal.*,14 novembre 1907, et *Gaz. Tribunaux*, 1907.2.499.

(2) Rapp. Saleilles, *op. cit.*, p. 566.

que les gains par elle obtenus dans une profession autorisée
par son mari, ne seront pas pour elle des biens réservés,
laissés à sa libre gestion.

Mais il est possible qu'une femme mariée autorisée de son
mari ait, par exemple, fondé un magasin avec des deniers
de la communauté et non pas seulement avec des économies
provenues de son travail. Les capitaux ainsi fournis par la
communauté ou par le mari, et même leur produit ne sauraient être englobés dans la masse des biens réservés à la
femme. D'un autre côté, il est malaisé de distinguer dans
les gains réalisés, la part qui revient au travail de l'épouse
et celle des capitaux de la communauté ou du mari. Va-
t-on voir là un travail commun aux deux époux? Cela semble bien impossible. Il paraîtrait, en définitive, juste de considérer comme un gain personnel à la femme le produit net
de son commerce ou de son industrie, sous la déduction des
intérêts des capitaux fournis soit par la communauté, soit
par le mari. Cette solution ne s'imposerait-elle pas, si les
capitaux étaient fournis par un tiers, par exemple, par un
banquier, par un parent (¹)?

Quoi qu'il en soit, *tous* les produits du travail *personnel
et distinct* de la femme au cours du mariage sont soumis au
régime de la loi de juillet 1907.

12. C'est avec la même largeur qu'il convient également de
résoudre la question de savoir s'il faut que le travail de l'épouse
soit suffisamment continu pour qu'il doive constituer à
proprement parler une profession (²). La loi n'impose nullement cette condition de continuité, d'autant mieux que le
tracé d'une ligne de démarcation, à ce point de vue, serait
forcément arbitraire. Sans doute, s'il s'agit de gains intermittents et de peu d'importance, il y a beaucoup de chances
pour les voir disparaître absorbés, au fur et à mesure, dans
les dépenses journalières du ménage. Alors disparaît l'un

(¹) Dans son rapport au Sénat M. Guillier s'est exprimé en ce sens (V. *J. off.*,
19 sept. 1907, *Documents*, Sénat, session ordinaire, 1907, p. 55, 1ʳᵉ col.

(²) V. Perreau, *Rev. critique de législation et de jurisprudence*, 1908,
p. 151. Rapprocher et comparer, Sourdois, *Rev. trimestrielle de dr. civil*, 1907,
p. 569, 581.

des intérêts vraiment sérieux que présente l'application de
la loi de 1907, là où ces gains constituent des économies
(art. 1ᵉʳ et 5). Mais il n'en est pas moins vrai que, quelque
modiques ou intermittents que soient les gains de la femme,
le mari ne saurait, depuis la loi de 1907, forcer les tiers
débiteurs à les lui remettre entre les mains.

13. En esquissant, précédemment, l'historique de l'élabo-
ration de la loi de 1907, nous avons dit que lors de la se-
conde délibération au Sénat, dans le but de donner à la
réforme son maximum d'efficacité, il avait été formellement
décidé, dans la loi, que le contrat de mariage ne pourrait pas
déroger à ses dispositions (art. 1ᵉʳ, al. 1ᵉʳ) (¹). Ce contrat ne
pourrait donc pas, notamment, restreindre la catégorie des
biens réservés et la faire moins compréhensive que nous ne
venons de la présenter.

Mais ne pourrait-il pas, au contraire, contenir valablement une clause qui en étendrait le cadre ? Certes ! une semblable clause ne tombe point sous le coup de la prohibi-
tion écrite dans l'article 1ᵉʳ de la loi. D'autre part, n'est-il
pas loisible, dans le contrat de mariage, de ranger condi-
tionnellement tels biens de la femme que l'on juge à propos
dans la catégorie des biens extradotaux ou paraphernaux
(art. 1514)?

Nous ne croyons pas cependant qu'une telle clause soit
autorisée par la loi de 1907 (²). Elle nous paraîtrait inopérante pour les deux raisons que voici : D'abord, cette clause
serait frappée d'inefficacité par l'article 1388 en tant qu'il
défend, par contrat de mariage, de déroger aux droits du
mari comme chef de l'association conjugale, puisque, con-
trairement à cet article, on investirait, par une *convention*,
la femme de droits d'administration et de disposition sur
une portion de la communauté qui échappe à son pouvoir.
Les biens qui, en effet, peuvent être retirés de la communauté au cas de renonciation comme conséquence d'une
clause autorisée par l'article 1514 n'en demeurent pas moins,
tant que dure cette communauté, soumis à l'administration

(¹) V. Saleilles, *op. cit.*, p. 575.
(²) Rapp. et cpr. Saleilles, *op. cit.*, p. 589.

de son chef, c'est-à-dire du mari. D'autre part, le contrat de mariage ne saurait déroger aux règles qui concernent l'incapacité de la femme mariée, à raison du caractère d'ordre public de cette incapacité. Sans doute, le contrat peut bien attribuer à n'importe quels biens la qualité de biens paraphernaux ; mais il ne saurait leur attribuer celle de biens *réservés*, au sujet desquels la femme peut plaider et qu'elle peut aliéner à titre onéreux, — fussent-ils immobiliers, — sans l'autorisation de son mari. La dérogation qu'apporte l'article 1er de la loi de 1907 à l'incapacité de la femme mariée, c'est-à-dire à une institution d'ordre public, étant une exception au droit commun, ne saurait être étendue conventionnellement au delà des limites que lui a assignées le législateur.

14. Terminons avec notre premier point en regrettant que la loi de 1907 n'ait pas fait figurer, parmi les biens réservés à la femme, les choses exclusivement consacrées à son usage personnel, spécialement ses vêtements, ses bijoux et les instruments servant à l'exercice de sa profession ([1]). Ces biens, spécialement les derniers, lui seront, toutefois, réservés, si elle a eu le soin de les acquérir avec les produits de son travail. Le législateur qui les déclare dans une certaine mesure insaisissables, aurait pu profiter de l'occasion qui lui était ainsi naturellement offerte, de faire davantage.

II

De l'étendue des pouvoirs reconnus à la femme sur ses biens réservés. — Droit spécial de saisie-arrêt.

15. On serait tenté de dire, — l'article 1er de la loi de 1907 semble, d'ailleurs, l'autoriser, — que les salaires de la femme sont désormais soumis au régime de la séparation de biens. Ce serait là commettre une grave inexactitude ;

([1]) Rapp. § 1366 C. civ. allemand. V. notamment Gény, *Des biens réservés de la femme mariée d'après le Code civil allemand* ; Lyon-Caen (Léon), *La femme mariée allemande* et *Bulletin de la Société de législation comparée,* 1908, p. 77, s.

il importe, tout au contraire, de ne pas confondre les biens *séparés* avec les biens *réservés*.

Tout d'abord, l'article 5 de la loi de juillet 1907 nous montre que, s'il y a communauté entre les époux, les acquêts provenus des gains de l'épouse entrent dans la masse commune, du moins au cas d'acceptation de la communauté.

De même, les droits reconnus sur lesdits biens aux créanciers du mari, à raison des fournitures faites au ménage (art. 3, al. 2), ne leur appartiendraient point sur des biens soumis au régime de la séparation.

D'un autre côté, la femme administre plus librement les biens réservés qu'elle n'administre les biens séparés. Le renvoi que fait l'article 1er de la loi à l'article 1449 du Code civil serait inexact, si on l'envisageait isolément (¹). C'est ainsi, quand il s'agit des biens réservés, que la femme n'a pas besoin de l'autorisation maritale pour aliéner à titre onéreux même les immeubles qu'elle a pu acquérir avec des économies réalisées sur ses salaires (art. 1er, al. 1er de la loi). C'est ainsi également que, d'après l'article 6 de la même loi, il lui est loisible d'ester en justice sans autorisation dans toutes les contestations relatives à des biens réservés.

Il faudrait donc, à notre avis, se garder de qualifier de « pécule » l'ensemble des biens réservés dont l'épouse a ainsi la libre gestion. Le mot « pécule » supposerait l'idée d'une subordination, dont le législateur a voulu effacer tout vestige.

16. En définitive, la femme a seule qualité pour toucher ses salaires ou toute autre espèce de gains personnels (art. 1er, al. 1er).

Seule, elle a qualité pour conserver les économies réalisées sur ses gains, pour en opérer le placement, pour les employer en acquisition de meubles ou d'immeubles (art. 1er, al. 2) (²).

(¹) Il ne saurait être non plus question d'assimiler les pouvoirs de la femme sur les biens réservés à ceux de la femme séparée de corps sur son patrimoine. Cette dernière peut, en effet, disposer de tous ses biens, meubles ou immeubles, à *titre gratuit*, sans aucune autorisation (art. 311 C. civ. réd. du 6 février 1893).

(²) Dans son intéressante étude sur la loi du 13 juillet 1907, M. Pichon se demande si, en présence de cette disposition de l'article 1er de la loi, et sauf à

Seule, elle a le droit d'administrer et même d'aliéner à titre onéreux les biens ainsi acquis (art. 1er, al. 3).

Et, à la différence de la femme non séparée de corps, mais séparée de biens judiciairement ou par contrat de mariage, elle n'a besoin d'autorisation ni de son mari, ni de la justice pour consentir des aliénations à titre onéreux de ses biens réservés, fussent-ils immobiliers, non plus que pour plaider à leur sujet.

A l'occasion des aliénations de biens réservés, on peut se demander si des donations d'acquêts provenus des gains de l'épouse sont possibles. Le législateur ne nous donne, à ce sujet, qu'une seule indication : c'est que de semblables alié-

---

n'engager bien entendu que leurs biens réservés, les femmes ayant des gains personnels, ne pourraient pas désormais, sans autorisations de leurs maris, entrer dans toute société d'où elles ne s'interdiraient pas, pour un temps plus ou moins long, le droit de sortir : « Leur seraient ainsi ouvertes : celles des sociétés où le droit de l'associé est constaté par un titre négociable, puisqu'il suffit de l'aliéner pour se séparer de l'entreprise même, et ensuite les sociétés contractées pour une durée indéterminée, puisqu'aux termes de l'article 1869 du Code civil, elles peuvent, à tout moment se dissoudre par la volonté de l'une des parties. » Serait seule interdite aux femmes mariées ayant des gains personnels l'entrée, sans l'autorisation de leurs maris, dans les sociétés à terme fixe où les associés sont tenus jusqu'à la date convenue, parce que, dans ce cas, on se heurterait à l'article 2 de la loi de 1907 qui autorise à tout moment, — en cas d'abus, — le mari à demander à la justice le retrait du pouvoir conféré à la femme dans l'intérêt du ménage (V. *Rev. crit.*, 1908, p. 229, 230). — En ce qui concerne, d'abord, les sociétés de capitaux, nous ne voyons pas pourquoi, en effet, la femme ne pourrait pas, à l'aide des économies réalisées sur ses gains, acquérir des actions libérées ou même non libérées, sans l'autorisation de son mari. Est-ce donc un placement soumis à plus de formalités que celui qui consiste dans l'acquisition d'un immeuble ? L'article 1er, alinéa 2, de la loi de 1907, décide formellement que la femme « peut en faire emploi (de ses gains et économies) en acquisitions de *valeurs mobilières* ou immobilières ». — Mais que convient-il de décider à l'égard des acquisitions que l'épouse voudrait faire de parts d'intérêts dans une société de personnes, fût-elle de durée indéterminée ? Pour l'entrée de la femme, en qualité de cogérante, dans une société commerciale de ce genre, il nous semble qu'elle est subordonnée à l'autorisation maritale, étant donné la solution que nous adoptons (V. *supra*, n° 11 et *infra* n° 37), d'après laquelle la femme ne peut être commerçante sans l'autorisation de son mari. Nous pensons même que la loi de 13 juillet 1907 qui a pour but de faciliter à la femme le placement et la libre disposition de ses économies, ne va pas jusqu'à lui permettre de contracter, en toute liberté, des engagements qui pourraient compromettre tout son patrimoine. Il ne s'agit plus là d'un simple, ni même d'un véritable placement, mais plutôt d'une sorte de spéculation où l'idée d'engagements éventuels est prépondérante.

nations ne rentrent pas parmi celles que la femme peut faire
sans y être autorisée. Encore, notre collègue, M. Perreau ([1]),
se demande-t-il s'il ne faudrait pas considérer comme des
actes à titre onéreux, rentrant dès lors dans la catégorie des
aliénations que peut consentir la femme sans avoir besoin
d'être autorisée, les donations faites à titre de constitution de
dot par une mère à son enfant. Ce serait une extension du
système admis par la jurisprudence au sujet des conditions
d'exercice de l'action paulienne à l'encontre des constitu-
tions de dot ([2]). Mais, à supposer même que l'on se range à
cette idée, que convient-il de décider à l'égard des autres
donations ? Contentons-nous, pour l'instant, de poser le problème que nous retrouverons spécialement, à propos de l'article 1422, en traitant des conséquences de la loi de 1907 sous
les régimes en communauté ([3]).

17. Quoi qu'il en soit, les pouvoirs reconnus à la femme
sur ses biens réservés sont, nous l'avons constaté déjà, in-
susceptibles d'être restreints par le contrat de mariage ; ils
sont d'ordre public (art. 1er, al. 1er de la loi).

Mais, si le contrat des mariage ne les peut pas restreindre,
les pourrait-il augmenter ? Cette question doit être résolue
par la négative, tout comme nous avons résolu négative-
ment celle de savoir si le contrat de mariage, qui ne saurait
restreindre le cadre des biens réservés, le pourrait rendre
plus compréhensif. Les mêmes raisons pourraient être ici
répétées ([4]).

18. Un autre problème se pose dans notre ordre d'idées :
En vertu des articles 1539 et 1578, il est possible que le mari
administre les biens extradotaux ou paraphernaux de la
femme en vertu d'un mandat tacite de cette dernière : pourrait-il, dans les mêmes conditions, administrer les biens
réservés ? Le plus sage, déclare notre collègue M. Perreau ([5]),
serait d'écarter un pareil mandat. Sans doute ; mais n'est-

([1]) V. *Revue critique de législ. et de jurisprudence*, 1908, p. 152.
([2]) V. Baudry-Lacantinerie, Le Courtois et Surville, *op. cit.*, I, n° 240, s.
([3]) V. *supra*, n° 32.
([4]) V. *supra*, n° 13.
([5]) V. *Revue critique de législ. et de jurisprudence*, 1908, p. 152.

ce pas à la femme qu'il appartient de l'écarter ? En fait, il peut arriver, même depuis la loi de 1907, — et le cas ne laissera pas dans la pratique d'être, probablement, assez fréquent, — que le mari perçoive les salaires de la femme, qu'il les emploie en totalité ou en partie pour les besoins du ménage. S'il a été fait des économies, il les aura placées, soit au nom de la femme, soit en son propre nom ou pour la communauté. Peut-être aura-t-il acheté des titres au porteur. Il aura géré lesdits biens, en aura encaissé les revenus en les utilisant, à leur tour, dans les conditions que nous venons d'indiquer. La femme qui aurait pu sans doute mettre fin à cette gestion en la reprenant elle-même, ne l'a pas fait : est-ce que, en une pareille occurrence, les articles 1577 à 1580 (¹) ne vont pas régir cette gestion du mari ? Nous n'hésitons pas, quant à nous, à admettre l'affirmative.

19. Mais la femme n'a pas ainsi laissé le mari gérer ses biens réservés, va-t-elle pouvoir en disposer sans aucun contrôle du chef de ménage ? La loi de 1907 ne le lui permet pas et veut qu'elle ne perde pas de vue que les prérogatives qui lui ont été octroyées, ne l'ont été que dans l'intérêt du ménage. En cas d'abus, l'épouse s'expose à se les voir retirer.

« En cas d'abus par la femme des pouvoirs qui lui sont confiés dans l'intérêt du ménage, porte en effet l'article 2, alinéa 1ᵉʳ, de la loi, notamment en cas de dissipation, d'imprudence ou de mauvaise gestion, le mari pourra en faire prononcer le retrait soit en totalité, soit en partie, par le tribunal civil du domicile des époux statuant en chambre du conseil en présence de la femme ou elle dûment appelée, le ministère public entendu. »

S'il y a urgence, le président du tribunal, à la requête du mari, peut même, par ordonnance de référé, lui donner l'autorisation de s'opposer aux actes que la femme se propose de passer avec un tiers (art. 2, al. 2).

Ce sont là tout autant de restrictions directes aux prérogatives juridiques reconnues à la femme par la loi nouvelle.

____

(¹) V. Baudry-Lacantinerie, Le Courtois et Surville, *op. cit.*, III, n° 1510, s.

20. Puis, — et nous rentrons à cet égard dans le droit commun de l'article 212 C. civ. en tant qu'il édicte l'obligation réciproque de secours et d'assistance entre époux ([1]), — s'il arrive que la femme ne consacre pas, comme elle le devrait d'après la loi ou d'après son contrat de mariage (art. 1448, 1537 et 1575), ses gains et salaires aux besoins du ménage, le mari pourra l'appeler devant le juge de paix et, avec l'autorisation de ce magistrat, saisir-arrêter lesdits salaires et les toucher dans la mesure de ces besoins (art. 7 de la loi).

Cet article 7 a le mérite considérable d'organiser une procédure rapide et aussi peu froissante que possible ([2]), pour rendre ce principe plus pratique dans les ménages qui vivent des salaires des époux ou de l'un d'eux.

21. Le droit que nous venons. en effet, de voir ainsi attribuer au mari au regard de la femme, est réciproque. La femme peut également en user, le cas échéant, vis-à-vis du mari dissipateur.

Nous rencontrons, ici, l'un des principaux motifs de la réforme. Voici comment s'exprime M. le député Viollette dans son rapport ([3]) : « Tout le monde sent les préoccupations auxquelles obéit le législateur en donnant à la femme mariée la libre disposition de son salaire. Nombreux sont, en effet, les ménages d'ouvriers ou même d'artisans et de commerçants où la femme mène silencieusement une vie absolument héroïque. Tout le poids de la famille retombe sur elle, — et la charge des enfants et l'entretien du ménage. Le mari, lui, fait la fête. A peine la semaine, la quinzaine ou le mois sont-ils touchés qu'ils sont déjà dissipés. Et comme la prochaine échéance revient infiniment moins vite que l'appétit, le mari s'ingénie pour se faire remettre le salaire de la femme, qui disparait alors avec la même rapidité... »

Le législateur a donc dû venir au secours de l'épouse pour lui permettre, dans la mesure du possible, d'enrayer le gas-

---

([1]) V. et cpr. Pichon, *Rev. critique*, 1908, p. 232, s.
([2]) V. Sourdois, *Rev. trimestrielle de dr. civil*, 1907, p. 573.
([3]) Chambre, Doc. parlem. *J. officiel*, 29-3) août 1907, p. 960, s.

pillage des salaires du mari et d'en sauver quelques épaves au profit du ménage.

Avec l'autorisation du juge de paix, elle pourra saisir-arrêter et toucher les salaires de son conjoint, en proportion des besoins de la famille.

Ce droit de saisir-arrêter subsiste-t-il en cas de séparation de fait? Il a été jugé (¹) que la femme, qui n'établit pas qu'elle a été contrainte à une habitation séparée de celle de son mari, ne peut pas, en vertu de l'article 7 de la loi de juillet 1907, demander au juge de paix l'autorisation de saisir-arrêter une portion des appointements de son mari. Mais, si au contraire le mari a abandonné le domicile conjugal, la femme qui aura, le plus souvent, la charge des enfants, ne doit-elle pas avoir, plus que jamais, le droit de saisir-arrêter les salaires de son mari conformément à l'article 7 précité de la loi, si elle sait où il travaille ? Assurément oui (²).

22. Voici, d'ailleurs, la procédure organisée à cet effet par les articles 7 à 10 de la loi, et mise à la disposition de chacun des époux :

1° L'affaire est de la compétence du juge de paix du domicile du mari (art. 7), compétence qui, dans le silence de la loi, semble illimitée.

2° L'instance est introduite par un simple avertissement du greffier, — avertissement transmis en la forme d'une lettre recommandée à la poste,—appelant le mari et la femme devant le juge de paix (art. 8, al. 1ᵉʳ).

3° Cet avertissement indique la nature de la demande (art. 8, al. 1ᵉʳ).

4° Les deux époux « devront comparaître en personne, sauf le cas d'empêchement absolu et dûment justifié» (art. 8, al. 2). Leur présence est, en effet, des plus utiles. Le juge de paix voudra, évidemment, entendre leurs explications

<hr>

(¹) J. Boulogne-sur-Mer, 5 mars 1908, *Gaz. trib.*, 12 mars 1908, Sirey, *Bulletin des Sommaires*, 1908, 2, 18.

(²) V. Trib. paix, Paris (XVIIIᵉ), 4 oct. 1907, cité par Crevoisier, *op. cit.*, n° 70, en note ; Trib. paix, St-Gilles, 14 mai 1908, *Gaz. Pal.*, 27 mai 1908, n° 148.

personnelles sur le montant des gains de l'un et de l'autre, sur le coût du loyer, sur les frais de nourriture, de vêtement, etc..., en un mot sur l'ensemble des charges du ménage.

5° L'exécution du jugement rendu est assurée par sa seule signification faite au conjoint saisi et au tiers débiteur (art. 9).

6° Cette signification vaut, par elle-même et sans autre procédure, attribution au conjoint demandeur des sommes dont la saisie a été autorisée par le juge de paix (art. 9) (¹).

23. Les jugements rendus, tant en vertu de l'article 7 que de l'article 2 précités, sont exécutoires par provision, nonobstant opposition ou appel et sans caution (art. 10).

S'il y a opposition ou appel, en l'absence de dispositions spéciales y dérogeant, ces voies de recours restent soumises aux règles du droit commun.

24. Mais il est surtout une observation capitale à présenter. Il est à remarquer, avec soin, que la femme, par exemple, pourra être autorisée en vertu du jugement à toucher, non seulement des salaires échus du mari, mais encore des salaires à échoir pour la somme fixée audit jugement, aussi longtemps que ce jugement n'aura pas été modifié par une décision judiciaire nouvelle.

Celle-ci pourra, à la requête du mari, lui rendre la libre disposition de son salaire. Elle pourra, peut-être, réduire simplement la somme attribuée à la femme pour l'entretien du ménage. Peut-être, au contraire, la décision judiciaire nouvelle, provoquée par l'épouse, augmentera-t-elle cette somme. En un mot, les jugements rendus par application des articles 7 et 2 de la loi, — comme cela a lieu, par exem-

---

(¹) D'autres saisies-arrêts ont pu survenir en même temps que celle de la femme. En l'absence d'un texte spécial, le conflit rendu moins fréquent par la loi du 17 juillet 1907 (nouvel art. 567 C. pr. civ.) doit être réglé d'après le droit commun. M. Viollette a ingénieusement fait remarquer que le caractère alimentaire et dès lors privilégié de la créance de l'épouse ressort nettement des textes (*J. off.*, 30 août 1907, *Doc.* Chambre, p. 962). Toutefois le créancier concurrent de la femme peut être lui-même privilégié comme fournisseur d'aliments; n'est-ce pas déjà donner satisfaction à la femme que le désintéresser au moins partiellement? Ne faut-il pas faire concourir entre elles des créances pourvues d'un privilège identique? (Cpr. Grevoisier, *op. cit.*, n° 72 *bis*).

ple, en matière de pension alimentaire, — n'ont jamais l'autorité définitive de la chose jugée (art. 10, *in fine*).

III

Des modifications particulières produites dans chacun des régimes matrimoniaux par la loi du 13 juillet 1907.

25. Nous allons étudier, successivement, les conséquences de la loi de 1907 :

1° Sous le régime de séparation de biens, contractuel ou judiciaire, et sous le régime de paraphernalité des biens à venir, en groupant de cette façon tous les cas où les gains personnels de la femme seraient des biens extradotaux ou paraphernaux ;

2° Sous le régime exclusif de communauté et sous le régime de dotalité universelle, là où tous les biens à venir de l'épouse sont des biens dotaux ;

3° Sous les divers régimes en communauté, là où les gains personnels de la femme et les économies en provenant tombent, d'après le Code civil, dans le fonds commun.

26. α) *Des effets particuliers de la loi de 1907 sous le régime de séparation de biens ou de paraphernalité générale.* — Un pareil régime étant donné : la femme avait déjà, en vertu des dispositions du Code civil, le droit exclusif de toucher ses salaires, de recueillir les produits de son travail comme tous les autres revenus. Elle seule avait qualité pour administrer ses économies et pour en faire emploi à sa guise [1].

Mais le Code civil, — abolissant sur ce point les règles suivies dans les pays de droit écrit pour s'attacher de préférence aux traditions coutumières, — interdit à la femme, dans les articles 1538 et 1576, d'aliéner ses immeubles paraphernaux, à titre gratuit ou à titre onéreux, sans l'autorisation de son mari ou de la justice [2].

[1] V. Baudry-Lacantinerie, Le Courtois et Surville, *op. cit.*, III, n°ˢ 1477, 1480, 1484, s.

[2] V. Baudry-Lacantinerie, Le Courtois et Surville, *op. cit.*, III, n°ˢ 1496, 1497.

Désormais, s'il s'agit de biens provenus à la femme des économies réalisées sur les produits de son travail,—acquêts qui, ayant cette origine, sont tout à la fois des biens «séparés» ou «paraphernaux» et des biens «réservés», — la loi de 1907, dans le troisième alinéa de son article 1er, dispense cette femme de toute autorisation pour les aliéner à titre onéreux.

27. Quant aux créanciers du mari, même ceux «qui ont contracté avec lui dans l'intérêt du ménage», il ne nous paraît pas douteux qu'ils n'ont pas d'action sur ces biens réservés. Ces derniers ne sont pas, en effet, de ceux qui «d'après le régime adopté, auraient dû antérieurement à la présente loi (de 1907) être entre les mains du mari» (art. 3, al. 2).

28. Nous savons déjà (¹), d'autre part, que, à supposer que des biens réservés se trouvent avoir en fait été gérés par le mari, si ce dernier les a administrés en vertu d'un mandat exprès ou tacite de la femme ou par usurpation de pouvoir, les articles 1577 à 1580, auxquels la loi de 1907 ne déroge pas, doivent recevoir leur application.

29. Mais voici que la femme qui administre ses biens, fait des actes de mauvaise gestion ou de dissipation, est-ce que le mari pourra se prévaloir, ici, de l'article 2 de la loi de 1907 et s'adresser au tribunal à l'effet de faire prononcer le retrait des pouvoirs de la femme pour cause d'abus ? En cas d'urgence, le mari va-t-il pouvoir être autorisé par le président du tribunal à faire opposition aux actes projetés par sa femme ? D'autre part, si celle-ci ne subvient en aucune mesure ou insuffisamment aux charges du ménage, son mari va-t-il pouvoir, conformément à l'article 7 de la loi, l'appeler devant le juge de paix et, avec l'autorisation de ce magistrat, faire saisir-arrêter et toucher les salaires ou le produit du travail de son conjoint dans la mesure des besoins laissés en souffrance ? En d'autres termes, dans quelle mesure les articles 2 et 7 de la loi de 1907 peuvent-ils être invoqués par le mari à l'égard des biens de l'épouse qui sont tout à la fois *extradotaux et réservés ?*

(¹) V. *supra*, n° 18.

Observons, d'abord, que ce n'est pas la loi de 1907 qui attribue l'administration de pareils biens à la femme. Elle augmente seulement la capacité de cette dernière en lui conférant le droit d'aliéner même les immeubles réservés sans autorisation maritale. Dès lors : c'est uniquement ce libre droit d'aliénation qui peut être, le cas échéant, judiciairement retiré à la femme, en cas d'abus. Si ce remède ne suffit pas, le mari n'a d'autre ressource que de recourir au droit commun. Il pourra, par exemple, faire nommer à sa femme un conseil judiciaire. Mais, à moins d'une interdiction judiciaire à la suite de laquelle il deviendrait tuteur de son conjoint, il n'a pas le droit de se faire attribuer l'administration des biens extradotaux ou paraphernaux réservés.

Tout au contraire, l'article 7 ne déroge pas au droit commun. Le mari qui se prévaut de ce texte, ne réclame aucune modification des conventions matrimoniales. Il ne s'agit nullement d'enlever à la femme l'administration ou la jouissance de ses biens. Cet article 7, nous l'avons constaté précédemment (¹) repose, en effet, sur l'obligation de secours et d'assistance que, d'après l'article 212, C. civ., se doivent réciproquement les époux, obligation dont les articles 1448 et 1558, notamment contiennent des applications importantes.

30. Nous ne saurions laisser de côté le régime de séparation de biens sans signaler, enfin, une conséquence assez étrange qui semble résulter de la différence de capacité pour la femme de s'obliger sur ses biens réservés et sur ses autres biens. Voici comment : la femme séparée de biens n'a, d'après les articles 1449 et 1536 du Code civil, la capacité de s'obliger que dans la mesure de l'administration de sa fortune (²), tandis que la loi de 1907, qui ne restreint pas aux nécessités de l'administration le droit pour elle de disposer des produits de son travail, n'a pas enfermé dans le même cercle les obligations qu'elle contracte sur ses biens réservés. Dès lors, de deux choses l'une : ou bien l'obligation contractée par la femme est relative à l'administration de sa fortune, et elle sera exécutoire à la fois : sur ses biens réservés et sur ses au-

(¹) V. *supra*, n° 20.
(²) Baudry-Lacantinerie, Le Courtois et Surville, *op. cit.*, III, n°ˢ 1496, s.

tres biens ; ou cette obligation n'aura pas été contractée dans un but d'administration, et elle ne sera exécutoire que sur les biens réservés (¹).

31. β) *Des effets particuliers de la loi de 1907 sous le régime exclusif de communauté et sous le régime de dotalité, quand tous les biens à venir de l'épouse sont dotaux.* —Sous un pareil régime, en quoi est modifiée la condition juridique des économies que réalise la femme sur ses gains? Le voici : Désormais les économies, comme les salaires ou comme les produits quelconques du travail dont elles proviennent sont rejetées en dehors de la dot et sont paraphernales.

Cette importante innovation résulte tant de l'article 1ᵉʳ de la loi du 13 juillet 1907 que de son article 5 al. 4 (²).

En effet, d'une part, on ne peut pas considérer les valeurs que nous venons d'indiquer comme constituant des valeurs dotales, inaliénables sous le régime dotal avec constitution en dot des biens à venir, puisque la femme a le droit, d'après ce texte, d'en disposer librement à titre onéreux. Elle peut aliéner de cette manière tant les valeurs mobilières que les immeubles qui appartiennent à la catégorie des biens réservés (art. 1ᵉʳ, al. 3).

D'autre part, le mari ne peut avoir ni l'administration, ni la jouissance de ces biens-là, puisque, par une disposition d'ordre public, l'article 1ᵉʳ de la loi de 1907 les attribue formellement à l'épouse.

Il s'agit donc bien de valeurs extradotales ou paraphernales qui ont, en outre, le caractère de biens réservés dans les termes où nous l'avons constaté sous un régime de séparation de biens (³).

Par un autre côté, ces biens réservés diffèrent encore des biens extradotaux. Ils restent, en effet, soumis, du moins quant à leurs revenus, à l'action de ceux des créanciers du mari qui ont contracté avec lui dans l'intérêt du ménage

(¹) V. Pichon, *Rev. critique*, 1908, p. 214.
(²) M. le sénateur Legrand a fort heureusement fait préciser ce point (V. *J. off.* Débats, Sénat, séance du 14 mai 1907, p. 627). Cpr. Crevoisier, *op. cit.*, n° 61.
(³) V. *supra*, n° 26.

(art. 3, al. 2). Ces créanciers auraient même action sur la pleine propriété des biens réservés, s'ils prouvaient que ceux-ci ont été acquis avec des revenus d'autres biens réservés. Il s'agit là de conséquences qui découlent, naturellement, de cette règle d'après laquelle, antérieurement à la loi de 1907, les économies capitalisées et productives de revenus constituaient, d'après le Code civil, des biens devant se trouver aux mains du mari ([1]).

A ce dernier point de vue, il est vrai de dire que la jouissance de ces biens n'est pas aussi complètement réservée à l'épouse que s'il s'agissait de vrais biens extradotaux, soumis au régime de séparation ([2]). Cette jouissance appartient au ménage.

Aussi croyons-nous que, en cas de mauvaise administration par la femme, le mari pourrait demander à la justice de prononcer à son profit le retrait, en tout ou pour partie, des pouvoirs à elle conférés par la loi nouvelle ([3]).

32. Quoi qu'il en soit, les biens réservés, meubles ou immeubles, n'étant pas inaliénables sous les régimes exclusifs de communauté ou de dotalité universelle, doivent pouvoir être aliénés à titre gratuit. Mais, ici, reparaît l'incapacité de la femme mariée. Elle seule en peut faire donation ; mais elle n'en peut disposer à titre gratuit qu'avec l'autorisation de son mari ou de la justice.

32 *bis*. Serait-il permis à la femme de contracter sur ses biens extradotaux et réservés un engagement personnel même pour une dette du mari autre qu'une dette dans l'intérêt du ménage ? Dans son rapport à la Chambre des députés ([4]), M. Viollette affirme que la signature de la femme devrait être considérée comme nulle, d'une nullité d'ordre public. L'incapacité du sénatus-consulte Velléien serait ainsi en quelque sorte restaurée. Mais cette affirmation, contredite, d'ailleurs, dans le rapport de M. Guillier au Sénat ([5]),

---

([1]) V. Baudry Lacantinerie, Le Courtois et Surville, *op. cit.*, III, nᵒˢ 1464, 1570, 1937.

([2]) V. *supra*, nᵒ 27.

([3]) V. *supra*, nᵒ 19.

([4]) V. *J. off.* 1907, Chambre. Doc. parl., p. 961, col. 1.

([5]) V. Sénat, annexe 77, p. 15. — Rapp. Pichon, *Rev. critique*, 1908, p. 220, 222.

ne trouve aucun appui dans les textes de la loi. Aussi croyons-nous que la question par nous posée doit être résolue par l'affirmative.

33. γ) *Des effets particuliers de la loi de 1907 sous les régimes en communauté*. — C'est sous les régimes en communauté, — peu importe qu'il s'agisse d'une communauté légale, d'une communauté réduite aux acquêts ou d'une société d'acquêts jointe au régime dotal, — que la loi de 1907 entraîne les innovations les plus considérables.

Passons-les successivement en revue :

34. 1° En ce qui concerne la composition de la communauté, elle reste la même au cas où, après sa dissolution, la communauté est acceptée par la femme ou par ses héritiers. Mais un changement important résulte de ce que, au cas de renonciation, la femme ou ses héritiers *en ligne directe* (art. 5, al. 2, 3 et art. 3, al. 2), ont le droit de retirer en *propriété* (¹) les biens réservés, francs et quittes de toutes dettes du mari, autres que celles qu'il a contractées dans l'intérêt du ménage (art. 5, al. 2 et art. 3, al. 3).

35. 2° Nous rencontrons ici, avec toute son ampleur, la modification principale apportée aux droits du mari, celle que le législateur avait par-dessus tout en vue : à savoir le transfert du mari à la femme de l'administration des gains personnels de cette dernière et des économies en provenant. C'est une fraction des valeurs communes dont la libre administration se trouve ainsi réservée à l'épouse et cela, — nous l'avons vu précédemment (²), — en vertu d'une disposition d'ordre public. Nous savons aussi que les pouvoirs de la femme peuvent lui être judiciairement retirés, en totalité ou pour partie, à la demande du mari, à supposer qu'elle se montre prodigue, imprudente ou incapable dans sa gestion (art. 2, al. 1ᵉʳ et 2) (³).

L'aperçu que nous avons présenté à l'occasion des pouvoirs conférés à la femme sur ses biens réservés nous a mon-

______

(¹) Rapp. et cpr. Baudry-Lacantinerie, Le Courtois et Surville, *op. cit.*, II, n° 1410, s.

(²) V. *supra*, n° 6.

(³) V. *supra*, n° 19.

tré également leur grande étendue (¹). Elle peut, quoique ces
biens continuent de faire partie de la communauté, non seulement ester en justice à leur sujet, mais les aliéner en pleine
propriété à titre onéreux, les vendre, les grever d'hypothèque pour sûreté des obligations qu'elle peut contracter dans
les limites de ses pouvoirs.

Nous avons renvoyé, toutefois, la question de savoir si et
à quelles conditions elle pouvait en faire donation : il convient désormais d'aborder ce problème.

L'aliénation à titre gratuit des biens réservés est-elle donc
interdite à la femme sous un régime en communauté? Non;
car une semblable restriction au droit de propriété ne se
concevrait pas.

Mais à quelles conditions une donation pourrait-elle être
faite ? Elle sera certainement valable si elle a été faite *con-
jointement par le mari et par la femme*, dans les termes où
l'article 1422 autorise toute donation de biens communs (²).

Ne pourrait-elle pas aussi être valablement faite par la
femme seule, autorisée de son mari ? Nous n'hésitons pas à
répondre affirmativement, parce que nous rencontrons ici,
en somme, le consentement du mari, co-propriétaire des
biens réservés pour le cas où la femme accepterait la communauté.

Quant au mari, qui n'a pas le droit d'administrer les biens
qui nous occupent, et qui, par dérogation à l'article 1421,
n'en peut pas disposer à titre onéreux, il ne saurait, à plus
forte raison en disposer seul à titre gratuit, fût-ce pour
l'établissement des enfants communs.

On pourrait seulement, dans ce dernier ordre d'idées, se
demander, avec notre collègue M. Perreau (³), s'il ne faudrait
pas considérer la constitution de dot comme un acte à titre
onéreux, rentrant dès lors dans le cadre des aliénations per-
mises sans autorisation à la femme par la loi de 1907 ?
Nous hésiterions, quant à nous, à nous engager dans cette
voie, et à croire à la validité d'une semblable donation.

(¹) V. *supra*, nᵒˢ 15, 16, 17.
(²) V. Baudry-Lacantinerie, Le Courtois et Surville, *op. cit.*, I, n. 674.
(³) V. *supra*, nᵒ 16.

36. 3° Les droits des créanciers, soit de la femme, soit du mari, sont nettement établis par l'article 3 de la loi de juillet 1907.

Les créanciers vis-à-vis desquels la femme qui a traité sans autorisation est débitrice, ont, quoiqu'il s'agisse cependant de biens communs, action sur les biens réservés.

Quant aux créanciers du mari, ils n'auront le droit de saisir lesdits biens que s'ils ont contracté avec lui dans l'intérêt du ménage (loyers, vêtements, nourriture, gages de domestiques, etc...). Pour les autres créanciers du mari ou de la communauté : ils n'auront pas le droit de saisir les biens réservés, au moins tant que dure cette communauté et quoique, plus tard, au cas d'acceptation de la femme, ces biens pourront entrer au lot du mari (art. 5, al. 1ᵉʳ).

S'agit-il de créanciers qui ont contracté avec la femme non autorisée de son mari, ils auront le droit, si les obligations ont été souscrites dans l'intérêt du ménage, — cas dans lequel ce sont des dettes communes, — de poursuivre leur paiement sur les biens de la communauté et sur ceux du mari (art. 3, al. 4) (¹).

D'autre part, les articles 1409-2° et 1419, rendraient exécutoires sur les biens de la femme, sur ceux du mari et sur ceux de la communauté, les dettes contractées par la femme pourvue de l'autorisation maritale. Il en serait de même de celles des obligations que contracterait l'épouse autorisée de la justice dans les cas exceptionnels de l'article 1427.

Ajoutons, enfin, que d'après nous, bien que le contraire ait été affirmé dans son rapport à la Chambre des députés par M. Viollette, aucun texte de la loi de 1907 ne met obstacle à ce que la femme engage personnellement ses biens réservés, fût-ce pour une dette contractée par le mari autrement que dans l'intérêt du ménage (²).

37. 4° Il nous faut, désormais, rechercher si la règle des articles 1409-2° et 1419 et l'application qu'en font les articles 220 du Code civil et 5 du Code de commerce, sont tenues en échec par l'article 3 de la loi de 1907. La femme

---

(¹) V. Pichon, *Rev. critique*, 1908, p. 216.
(²) V. *supra*, n° 32 *bis*.

commerçante qui a ses gains et ses économies à sa libre disposition comme biens réservés, engage-t-elle néanmoins la communauté et le mari. Ce dernier reste-t-il responsable du passif commercial par suite de l'autorisation qu'il a, d'après l'article 4 du Code de commerce (¹), donnée à la femme d'être marchande publique ? On a fait remarquer que le mari a sans doute autorisé, d'une façon générale, le choix de la profession, qu'il a permis à l'épouse de faire le commerce ; mais qu'il n'a point autorisé chacun des actes commerciaux. La loi nouvelle paraît, d'après M. Valéry (²), avoir écarté l'application d'un droit commun vraiment bien rigoureux. Il semble surtout, dit notre collègue, que la femme commerçante ne doit pas engager la communauté et son mari, lorsqu'elle fait le commerce *exclusivement* avec des économies réalisées antérieurement sur les produits de son travail, lorsque, modiste, ouvrière ou employée, elle s'est peu à peu élevée par ses propres forces au rang de patron. Et même, dans ce cas, devrait-on la laisser soumise au principe de l'article 4 du Code de commerce, si ni l'intérêt moral de la famille, ni l'honneur ou la dignité de son mari ne sont en jeu ?

Certes, il y a là une situation qui aurait mérité d'attirer tout spécialement l'attention du législateur et qui nécessitera peut-être une nouvelle réforme.

Mais, dans l'état actuel de la législation, il ne nous semble pas qu'il y ait lieu d'admettre à son sujet de dérogations aux règles actuellement suivies dans notre droit.

D'une part, même dans l'hypothèse la plus favorable, où la femme fait le commerce avec les seules économies réalisées antérieurement sur les produits de son travail, l'article 4 du Code de commerce doit, nous paraît-il, recevoir son application, d'autant mieux que, aux termes de l'article 2 de la loi de 1907, conçu en termes généraux, au cas d'abus par la femme des pouvoirs d'administration et de disposition à titre onéreux qui lui sont conférés dans l'intérêt du ménage, le mari en peut faire prononcer le retrait, en tota-

(¹) V. *supra*, n° 11.
(²) V. *Annales de droit commercial*, 1907, p. 398.

lité ou pour partie. Si donc les pouvoirs du mari ont été amoindris par la loi de 1907, s'il n'a plus l'administration d'une partie des biens de la communauté, sa qualité de chef du ménage, muni d'un droit de contrôle, n'en subsiste pas moins ; et, de plus, l'article 4 du Code de commerce ne nous paraît pas avoir été touché (¹).

D'autre part, sous l'empire du Code civil et du Code de commerce, bien que l'autorisation donnée à la femme, expressément ou tacitement, d'être marchande publique, soit générale et ne concerne pas spécialement chacun des actes nécessités par le négoce, cette autorisation ne laisse pas cependant d'engager tous les biens communs et ceux du mari conformément aux articles 1409-2° et 1419. Or, nous l'avons vu (²), les biens réservés à la libre gestion de la femme ne sont pas distraits de la communauté, mais continuent au contraire d'en faire partie, tout ou moins tant que dure cette communauté. Aussi bien les articles 220 du Code civil et 5 du Code de commerce n'ont-ils pas été modifiés dans leur texte ; et la préoccupation constante du législateur en élaborant la loi de 1907, ainsi que l'on peut se rendre compte par la lecture des travaux préparatoires, a-t-elle été uniquement de limiter les pouvoirs du mari sur les biens de l'épouse, sans restreindre la responsabilité de celui-ci vis-à-vis des tiers, dès lors qu'il a donné à la femme l'autorisation de contracter et ne se prévaut pas de l'article 2 de la loi de 1907, en soutenant qu'elle abuse des pouvoirs à elle concédés dans l'intérêt du ménage. A défaut de dérogation expresse contenue dans la loi de 1907, force est donc, pour le surplus, d'appliquer la règle traditionnelle d'après laquelle : tant que dure la communauté, quiconque a action sur les biens communs a, par là-même, action contre le mari.

38. 5° Toujours au point de vue du passif et en supposant les époux mariés sous le régime de la communauté légale, il résulte de l'article 1409-1° du Code civil : que cette communauté voit tomber dans son passif, en principe, toutes les

---

(¹) Rapp. *supra*, n° 11.
(²) V. *supra*, n°ˢ 6, 34.

dettes mobilières nées antérieurement au mariage à la charge soit du mari, soit de la femme.

Or, à ce point de vue, deux remarques sont à faire depuis la loi du 13 juillet 1907.

D'une part, en ce qui concerne les créanciers pour les dettes du mari antérieures au mariage, comme d'après l'article 3 de la loi de 1907, ils n'ont le droit de saisir les biens réservés à la gestion à la femme que s'ils ont contracté avec lui dans l'intérêt du ménage et que les dettes qui sont à sa charge au moment où il se marie ne sauraient présenter ce caractère, il s'ensuit logiquement, semble-t-il, que lesdits biens réservés échappent à leurs poursuites [1].

D'autre part, au point de vue des dettes mobilières qui grèvent l'épouse au moment où elle se marie, la loi nouvelle vient modifier la disposition finale de l'article 1410 ainsi conçue : « Le créancier de la femme en vertu d'un acte n'ayant pas date certaine avant le mariage ne peut en poursuivre contre elle le paiement que sur la nue-propriété de ses immeubles personnels. » Ce texte, qui n'est qu'une application du droit commun écrit dans l'article 1328 [2], se justifie par ce motif : que la communauté qui est un tiers, ne saurait éprouver un préjudice comme conséquence de la poursuite de créanciers porteurs de billets n'ayant pas date certaine, et avec lesquels la femme a peut-être traité au cours du mariage, sans obtenir l'autorisation de son conjoint. Or, désormais, puisque la femme n'a pas besoin d'une semblable autorisation pour contracter des dettes exécutoires sur ses biens réservés, nous sommes conduits à décider que, si elle a de ces sortes de biens, les créanciers porteurs d'actes n'ayant pas date certaine avant le mariage, s'ils ne peuvent saisir que la nue-propriété des autres biens de la femme en respectant sur eux le droit de jouissance de la communauté, peuvent, au contraire, se faire payer sur la pleine propriété de ses biens réservés [3].

39. 6° Quelques observations sont à présenter au sujet

[1] V. Pichon, *Rev. critique*, 1908, p. 227.
[2] V. Baudry-Lacantinerie, Le Courtois et Surville, *op. cit.*, I, n° 514, s.
[3] V. Pichon, *Rev. critique*, 1908, p. 225.

des récompenses (¹). Elles sont dominées par les deux idées que voici :

D'une part, les dettes contractées par la femme sans autorisation n'obligent pas les biens ordinaires de la communauté, ni ceux du mari, à moins qu'elles n'aient été contractées dans l'intérêt du ménage. En dehors de cette hypothèse, ces dettes ne grèvent que les biens réservés (²).

D'autre part, sauf s'il a traité dans l'intérêt du ménage, le mari ne saurait, par ses obligations, engager les biens réservés à la libre gestion de la femme (³).

Ceci posé, diverses situations sont à prévoir :

Il peut se faire, d'abord, que le mari ait sur ses biens propres payé une dette contractée, par la femme non autorisée, autrement que dans l'intérêt du ménage. Alors, il a droit à une récompense, et, pour rétablir l'équilibre, celle-ci sera soldée soit sur des biens personnels de la femme qui ne constituent pas des biens réservés, soit sur ces derniers biens qui, tout en faisant partie de la communauté, sont affectés par la loi de 1907 au passif dont nous parlons. .

Il est possible aussi, toujours à l'occasion des mêmes dettes, qu'elles aient été payées par la communauté. En une pareille occurrence, si la femme renonce et reprend ses biens réservés, elle devra récompenser la communauté du montant des dettes acquittées par cette dernière et qui ne doivent grever que les biens objets de la reprise. Si, au contraire, la femme accepte, la communauté ne sera créancière d'une récompense que dans la mesure où les dettes payées dépasseront la valeur des biens réservés.

Enfin, si la femme a payé sur ses biens réservés une dette contractée par le mari autrement que dans l'intérêt du ménage, et si, renonçant à la communauté, elle reprend lesdits biens, comme elle a le droit de les retirer francs et quittes de la dette qui présente le caractère que nous venons de dire (⁴) une récompense lui sera due de ce chef par le

(¹) Rapp. Pichon, *Rev. critique*, 1908, p. 217, 220.
(²) V. *supra*, n° 36.
(³) V. *supra*, n° 36.
(⁴) V. *supra*, n° 34.

mari ; nous supposons ici que la femme renonce à la communauté. Si en effet elle l'acceptait, les biens réservés faisant alors partie de la masse commune à partager, la loi du 13 juillet 1907 n'entraînerait, en ce cas, aucun effet particulier, et les règles du droit commun seraient applicables.

40 7° Quelle est l'influence de l'absence déclarée de l'un des époux sur la condition juridique des biens réservés ? En cas de présence de la femme, le mari ayant disparu, l'application parallèle de l'article 124 du Code civil et de la loi de juillet 1907 ne fait naître aucune complication spéciale ([1]). Si c'est la femme qui a disparu, le mari qui opte pour la continuation provisoire de la communauté, tout en conservant sur les biens ordinaires de cette communauté les pouvoirs que lui reconnaissent les articles 1421 et suivants du Code civil, n'aura sur les biens réservés laissés entre ses mains que les pouvoirs d'un administrateur de la fortune d'autrui.

41. 8° Quelle est l'influence de la loi de 1907 au sujet de l'extension de l'hypothèque légale de la femme sur les conquêts de la communauté ? Dans l'opinion commune ([2]), on devra, semble-t-il, admettre que l'hypothèque légale de l'épouse ne frappera les biens réservés qu'en tant que certains de ces biens seront mis au lot du mari.

42. Les explications qui précèdent et qui nous ont fait connaître les effets particuliers de la loi de juillet 1907 sous les divers régimes matrimoniaux, sont de nature à faire ressortir l'importance pratique qui s'attache à la question de savoir comment devra se faire la preuve qu'il s'agit d'économies provenues du travail personnel de la femme ou de biens ayant le caractère de biens réservés comme ayant été acquis au moyen des dites économies. La femme, durant le mariage, ou, après la dissolution du mariage, la femme ou ses héritiers auront souvent à fournir cette preuve sur laquelle le légis-

---

([1]) V. Baudry-Lacantinerie, Le Courtois et Surville, *op. cit.*, II, n°ˢ 992 s.

([2]) V. Baudry-Lacantinerie et de Loynes, *Du nantissement, des privilèges et hypothèques*, II, n°ˢ 1005 à 1009.

lateur revient jusqu'à deux fois, tant dans le 4° alinéa de l'article 1er que dans l'article 4 ([1]).

Observons, tout d'abord, que la femme n'a pas de peine à prouver son droit, lors qu'elle touche directement ses salaires ou les produits de son travail. Ceux qui en sont les débiteurs savent, à ne pas s'y méprendre, si c'est bien l'épouse qui a travaillé et s'il s'agit soit d'un travail à elle personnel, soit d'un travail commun des conjoints, soit d'un travail personnel du mari.

Souvent même, dans ces derniers cas, la femme est mandataire tacite du mari pour recevoir, au nom de celui-ci, le prix des objets par lui fabriqués ou travaillés, et qu'il l'a chargée de porter aux tiers. Le législateur ne s'est point inquiété de ces cas spéciaux pour les soustraire au droit commun en matière de preuve, dans les hypothèses, assez rares d'ailleurs, où il surgirait une difficulté, soit à raison de l'importance de la somme à recevoir ou de l'habitude de ne payer que sur facture ou sur quittance, soit s'il y avait doute sur le point de savoir si la femme ne fait pas la livraison des objets et par suite la réclamation du prix du travail à l'insu de son mari.

43. Mais le législateur de 1907 a cru devoir régler spécialement la preuve à fournir par la femme ou par ses héritiers dans les cas suivants :

1° La femme veut, sans autorisation, retirer des deniers qu'elle a déposés. Le dépositaire lui demandant qu'elle donne la preuve que la somme dont elle entend avoir la remise provient bien de son travail personnel : il résulte de l'alinéa 4 de l'article 1er qu'elle en pourra justifier par un acte de notoriété, constatant qu'elle exerce une profession distincte de celle de son mari.

2° La femme dépose chez un notaire, chez un agent de change, etc... une somme d'argent pour acheter, sans autorisation, des valeurs mobilières ou immobilières. En une pareille hypothèse, elle aura le choix : ou de rapporter l'autorisation de son mari à laquelle elle fera bien de faire joindre la mention qu'il s'agit de sommes provenues de ses gains

---

([1]) V. et cpr. sur les questions de preuve, notamment, Pichon, *Rev. critique,* 1908, p. 294, s.

personnels, ou d'avoir recours à l'acte de notoriété dont nous venons de parler.

3° C'est surtout lorsque la femme veut aliéner, à titre onéreux, sans autorisation maritale, des biens qu'elle prétend être des biens réservés, qu'elle a besoin de produire alors cet acte de notoriété.

Certes, l'indulgence du législateur à ce point de vue est des plus remarquables, tant est peu concluante la preuve dont il se déclare satisfait !

44. Quoi qu'il en soit, les tiers qui traitent avec la femme non autorisée, seront à l'abri de toute responsabilité, du moins s'ils ne sont pas convaincus de complicité ou de mauvaise foi, par cela seul qu'un acte de notoriété sera venu justifier à leurs yeux que cette femme mariée exerçait effectivement une profession distincte de celle de son mari, et aussi, semble-t-il, que cette profession était susceptible de lui procurer des gains et des économies rendant ses allégations vraisemblables. L'article 1er, alinéa 4, de la loi de 1907, dégage en ce cas formellement leur responsabilité.

La loi pouvait-elle, d'ailleurs, pratiquement exiger davantage ? On en peut douter ; car une preuve légalement complète de l'origine des deniers eût été presque toujours impossible.

45. A côté de l'acte de notoriété, l'article 1er, alinéa 4, nous parle de « *tout autre moyen* (de preuve) *mentionné dans la convention* ». Que faut-il entendre par là ? Il ne peut s'agir, semble-t-il, que des énonciations de la convention passée par la femme avec le tiers qui désire mettre à couvert sa responsabilité. C'est ainsi que la femme, achetant un immeuble à l'aide de deniers provenant du remboursement d'une créance hypothécaire ou d'une rente nominative sur l'État inscrite au nom de ladite dame, justifiera de l'origine de ces deniers s'il résulte, soit des clauses de l'acte notarié de prêt, soit des mentions de l'intitulé du titre, que cette créance ou cette rente constituait pour la femme un bien réservé.

46. Laissant de côté l'article 1er, alinéa 4, de la loi de 1907, l'article 4 de la même loi nous place en face d'autres hypothèses. Il suppose que la femme a besoin de faire preuve de la consistance et de la provenance de ses biens réservés, soit vis-à-vis des créanciers de son mari ou des tiers en général, soit vis-à-vis de son mari lui-même.

Envisageons successivement chacune de ces deux hypothèses.

47. 1° Un créancier qui a contracté avec le mari, peut avoir intérêt à prouver que des biens qui sont aux mains de la femme sont des acquêts ordinaires de la communauté. Il veut les saisir, bien que la dette du mari n'ait pas été contractée dans l'intérêt du ménage. Si la femme prétend, alors, qu'il s'agit de biens réservés, soustraits comme tels, par l'article 3, alinéa 2, à l'action de ce créancier, elle en devra fournir la preuve, laquelle est mise à sa charge par l'article 4 et aussi par les articles 1402, 1499, 1504 et 1510 du Code civil (¹). Seulement, à la différence de ces derniers articles, l'article 4 de la loi de 1907 n'exige ni un inventaire, ni même un acte écrit. La preuve testimoniale suffira selon le droit commun de l'article 1348. Mais la preuve par la commune renommée est exclue par le texte. Cette solution, d'ailleurs, se conçoit très bien ; car la commune renommée n'est guère admissible comme mode de preuve que lorsque le mari devait, ce qu'il a négligé, faire constater par un inventaire l'acquisition de deniers ou de biens mobiliers au profit de la femme. Telle n'est pas ici l'hypothèse.

Ceci posé, il est permis aux créanciers du mari de rendre inutile la preuve, établie par la femme, que les biens qu'ils vont saisir lui sont à elle réservés par la loi du 13 juillet 1907. Dans ce but, il leur faudra prouver que la dette du mari a été contractée dans l'intérêt du ménage (art. 3, al. 3) (²).

(¹) Pour la preuve à fournir d'après le Code civil allemand. V. Lyon-Caen (Léon) *Bullet. Société de législation comparée*, 1903, p. 102, s.

(²) V. *supra*, n° 36. — Dans ce même numéro 36, nous avons vu que les créanciers qui ont contracté avec la femme non autorisée de son mari, avaient le droit, si les obligations ont été contractées dans l'intérêt du ménage, de poursuivre leur paiement sur les biens de la communauté et sur ceux du mari. En un pareil cas, les créanciers devront-ils prouver que les obligations contractées par la femme l'ont été dans l'intérêt du ménage, ou doit-on présumer qu'il en est ainsi, sauf au mari à établir qu'elles l'ont été dans un autre but ? Les textes de la loi, comme es travaux préparatoires, sont muets à ce sujet (Cpr. Pichon, *Rev. critique*,

Ce créancier du mari ou de la communauté, aurait-il, en outre, à prouver qu'il s'agit d'un bien réservé, si la femme soutenait que ce bien lui appartient en *propre*, ou qu'il est extradotal ? Répondons que cette preuve incomberait à l'épouse en cas de communauté légale ou conventionnelle. Sous les autres régimes la question perd beaucoup de son intérêt. Elle resterait, au surplus, soumise au droit commun si, par hasard, elle était soulevée.

48. 2° Quant au mari, pendant le mariage, il pourrait nier qu'un bien fût réservé à la femme et en revendiquer l'administration, soit comme d'un acquêt ordinaire de la communauté, soit comme d'un propre de communauté ou d'un propre sous le régime exclusif de communauté, soit comme d'un bien dotal. En une pareille occurrence, la femme qui se fait fort de prouver que ce bien lui est réservé comme provenu de ses gains personnels, aura à se conformer à l'article 4 de la loi de 1907.

Il en sera de même si, après la dissolution de la communauté, l'épouse ou ses héritiers en ligne directe, renonçant à cette communauté, veulent exercer les reprises, à titre de

1908, p. 223, s.). Nous pencherions vers la solution qui consiste à dire que la disposition écrite dans l'article 3, alinéa 3, doit être étendue par analogie à notre hypothèse. Les motifs de décider ne sont-ils pas les mêmes ? En supposant, comme nous le croyons, qu'il ne faille considérer comme contractées dans l'intérêt du ménage que les dettes ayant pour objet les dépenses de logement, de vêtements, de nourriture des divers membres de la famille, d'entretien des enfants, etc.., en un mot les dépenses qui se rattachent à la vie commune des époux, il sera très facile aux créanciers de fournir la preuve exigée par l'article 3. Elle est aussi facile à faire, que la dette ait été contractée par la femme ou par le mari, peu importe. Nous hésiterions à considérer comme contractées « dans l'intérêt du ménage », les dettes consenties par la femme non autorisée pour l'administration de ses biens réservés, par exemple pour des réparations d'entretien ou de grosses réparations à faire aux dits biens. Ceci nous paraît résulter de l'alinéa 4 de l'article 3 de la loi, lorsqu'il suppose très nettement l'existence de toute une catégorie de dettes, valablement contractées par la femme sans autorisation, relativement à ses biens réservés, dettes non exécutoires sur les biens ordinaires de la communauté ni sur les biens personnels du mari, parce que, nous dit le texte : « ces obligations ont été contractées autrement que dans l'intérêt du ménage ». Le but de la loi n'a-t-il pas été, moins d'entraîner la femme à s'obliger personnellement dans l'intérêt du ménage, — le système du mandat tacite lui est certes plus favorable, — que de la proclamer, dans une certaine mesure, co-gérante des acquêts de la communauté et de relever sa dignité trop abaissée, a-t-on dit, par les dispositions du Code civil.

biens réservés, de certains acquêts qui, d'après eux, auraient pour origine des économies de la femme sur ses gains personnels.

49. En somme, le législateur n'a guère innové en cette matière, si ce n'est par l'article 1ᵉʳ, alinéa 4, dans l'intérêt des tiers qui traitent avec la femme non autorisée, et ont le souci de mettre leur responsabilité à couvert (¹). Le législateur a compris que, s'il n'intervenait pas à ce sujet, le bénéfice de la loi serait en grande partie illusoire pour l'épouse; les personnes prudentes auraient évité de traiter avec elle, ou auraient exigé l'autorisation du mari.

Peut-être aussi la loi de 1907 met-elle volontiers à la charge de la femme la preuve qu'il s'agit de biens réservés, en raison de la nature exceptionnelle de cette catégorie de biens, sauf à lui faciliter cette preuve (²).

IV

Dans quelle mesure la loi de 1907 s'applique-t-elle aux ménages existants au temps de sa promulgation ?

50. « Les dispositions de la présente loi *pourront* être invoquées même par les femmes mariées avant sa promulgation » : ainsi s'exprime l'article 11.

Nous ne nous attarderons pas à l'examen de la question quelque peu oiseuse de savoir si le droit commun en matière de non-rétroactivité nous aurait, dans le silence de la loi, conduits à la même solution.

En tout cas, certaines difficultés transitoires auraient été évitées si le législateur, au lieu de se borner à nous dire que toutes les femmes, quelle que fût la date de la célébration de leur mariage, pourront invoquer la nouvelle loi, avait précisé à quels gains et à quelles économies sur les gains elle devient immédiatement applicable.

(¹) V. *supra*, n°ˢ 43, 44, 45.
(²) V. *supra*, n° 47.

Est-ce seulement aux gains réalisés depuis la promulgation de la loi de 1907, aux seuls produits du travail exécuté depuis cette loi ? Si oui, le régime matrimonial de nombre de ménages se serait trouvé modifié en juillet 1907 dans les termes que voici : Dans tout mariage contracté antérieurement, il faudrait alors, au sujet des gains de la femme en tant du moins qu'ils subsisteraient, distinguer soigneusement selon qu'ils auraient été réalisés sous l'empire du Code civil ou depuis la loi nouvelle. Acquis définitivement à la communauté, ils resteraient soumis à l'administration du mari et confondus avec les autres acquêts. La femme n'aurait l'administration et la libre disposition des produits de son travail qu'autant qu'il aurait été effectué depuis la loi de juillet 1907. Renonçante, elle ne pourrait réclamer comme étant à elle propres que des valeurs acquises avec des gains et des économies postérieures à cette loi. C'est que, en effet, peut-on dire, les gains de l'épouse étaient, jusqu'alors, acquis à la communauté et confondus avec les autres acquêts sous l'administration du mari. Ils sont devenus le gage des créanciers de celui-ci (art. 1409-2°).

Telle est une première opinion.

Mais il est facile d'apercevoir sur quels arguments serait basée une opinion plus favorable à la femme mariée, et qui aurait nos préférences. Le principe de l'unité de régime n'est-il pas plus simple et plus logique ? Qu'importe l'époque à laquelle les gains ont été acquis et économisés ! S'il est prouvé que telle ou telle valeur, ou même tel enrichissement avait été acquis à l'aide des gains de la femme avant la nouvelle loi, de quel droit en refuser à celle-ci la reprise au cas de renonciation à la communauté, et, par suite, l'administration concurremment avec celle des gains plus récents ? La rétroactivité de la loi n'a-t-elle pas été édictée par le législateur avec cette étendue, comme la réparation d'une iniquité qui a trop duré, sauf à respecter les droits acquis aux tiers, acquéreurs ou créanciers ?

TABLE DES MATIÈRES

I

DES GAINS ET DES BIENS AUXQUELS S'APPLIQUENT LES POUVOIRS ATTRIBUÉS A LA
FEMME MARIÉE PAR LA LOI DU 13 JUILLET 1907

II

DE L'ÉTENDUE DES POUVOIRS RECONNUS A LA FEMME SUR LES BIENS RÉSERVÉS ET DE LEUR LIMITATION. — DROIT SPÉCIAL DE SAISIE-ARRÊT.

III

DES MODIFICATIONS PARTICULIÈRES PRODUITES DANS CHACUN DES RÉGIMES MATRIMONIAUX PAR LA LOI DU 13 JUILLET 1907

IV

DANS QUELLE MESURE LA LOI DE 1907 S'APPLIQUE-T-ELLE AUX MARIAGES EXISTANTS
LORS DE SA PROMULGATION ?

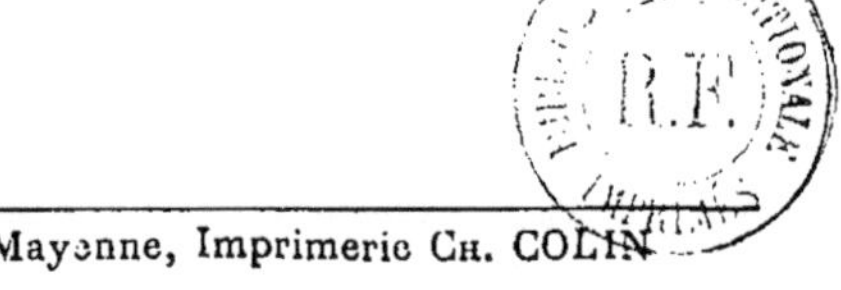

Mayenne, Imprimerie Ch. COLIN

www.ingramcontent.com/pod-product-compliance
Ingram Content Group UK Ltd.
Pitfield, Milton Keynes, MK11 3LW, UK
UKHW022210070726
13613UKWH00004B/1580